AF187603

Impressum
Verlag: BABADADA GmbH, Nedderfeld 112 , 22529 Hamburg
Geschäftsführer / Verlagsleitung: Harald Hof
Druck: Books on Demand GmbH, In de Tarpen 42, 22848 Norderstedt

Imprint
Publisher: BABADADA GmbH, Nedderfeld 112 , 22529 Hamburg, Germany
Managing Director / Publishing direction: Harald Hof
Print: Books on Demand GmbH, In de Tarpen 42, 22848 Norderstedt, Germany

učionica
el aula

dijeliti
dividir

186/2

ploča
la pizarra

školsko dvorište
el patio

učitelj
el maestro/a

papir
el papel

pisati
escribir

kemijska olovka
el bolígrafo

pisaći stol
el escritoria

pisati
escribir

ravnalo
la regla

knjiga
el libro

učenik
el alumno/a

torba

la cartera

pernica

la caja de lápices

grafitna olovka

el lápiz

šiljilo za olovke

el sacapuntas

gumica za brisanje

la goma de borrar

blok za crtanje

el cuaderno de dibujo

crtež

el dibujo

kist

el pincel

kutija s bojama

la caja de pinturas

makaze

las tijeras

ljepilo

el pegamento

bilježnica

el cuaderno de ejercicios

domaći zadatak

los deberes

12

broj

el número

2+2

sabirati

sumar

5-2

oduzimati

restar

2✕2

množiti

multiplicar

računati

calcular

A

slovo

la letra

ABCDEFG HIJKLMN OPQRSTU VWXYZ

abeceda

el alfabeto

riječ

la palabra

tekst

el texto

čitati

leer

kreda

la tiza

sat

la lección

dnevnik

el cuaderno de notas

ispit

el examen

svjedodžba

el certificado

školska uniforma

el uniforme

obrazovanje

la educación

leksikon

la enciclopedia

sveučilište

la universidad

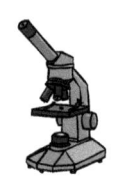

mikroskop

el microscopio

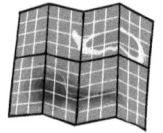

karta

el mapa

košara za papir

la papelera

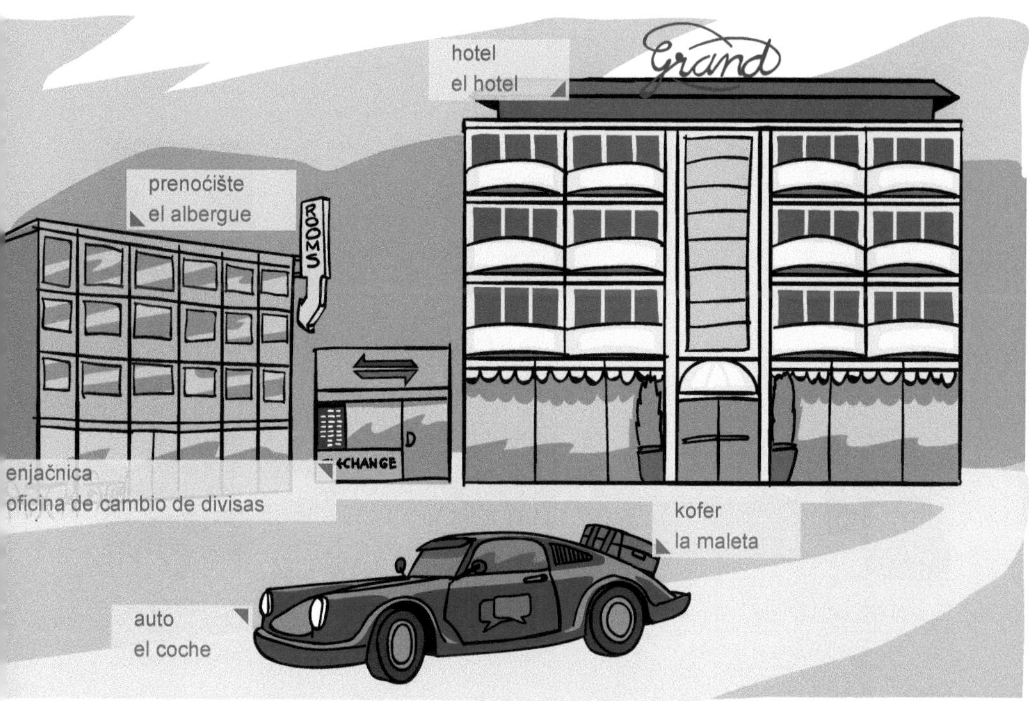

hotel
el hotel
Grand
prenoćište
el albergue
ROOMS
enjačnica
oficina de cambio de divisas
kofer
la maleta
auto
el coche

jezik

el idioma

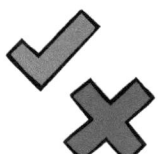

da / ne

sí / no

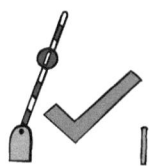

okay

Vale

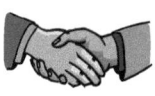

zdravo

hola

prevoditelj

el traductor

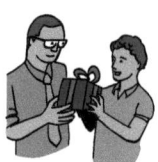

hvala

Gracias

Koliko košta...?

¿cuánto es...?

ne razumijem

No entiendo

problem

el problema

dobro veče!

¡Buenas tardes!

Dobro jutro!

¡Buenos días!

Laku noć!

¡Buenas noches!

doviđenja

adiós

smjer

la dirección

prtljaga

el equipaje

torba

la bolsa

ruksak

la mochila

gost

el invitado

soba

la habitación

vreća za spavanje

el saco de dormir

šator

la tienda de campaña

turističke informacije

la información turística

plaža

la playa

kreditna kartica

la tarjeta de crédito

doručak

el desayuno

ručak

el almuerzo

večera

la cena

karta za vožnju

el billete

dizalo

el ascensor

poštanska markica

el sello

granica

la frontera

carina

la aduana

ambasada

la embajada

viza

la visa

putovnica

el pasaporte

transport

el transporte

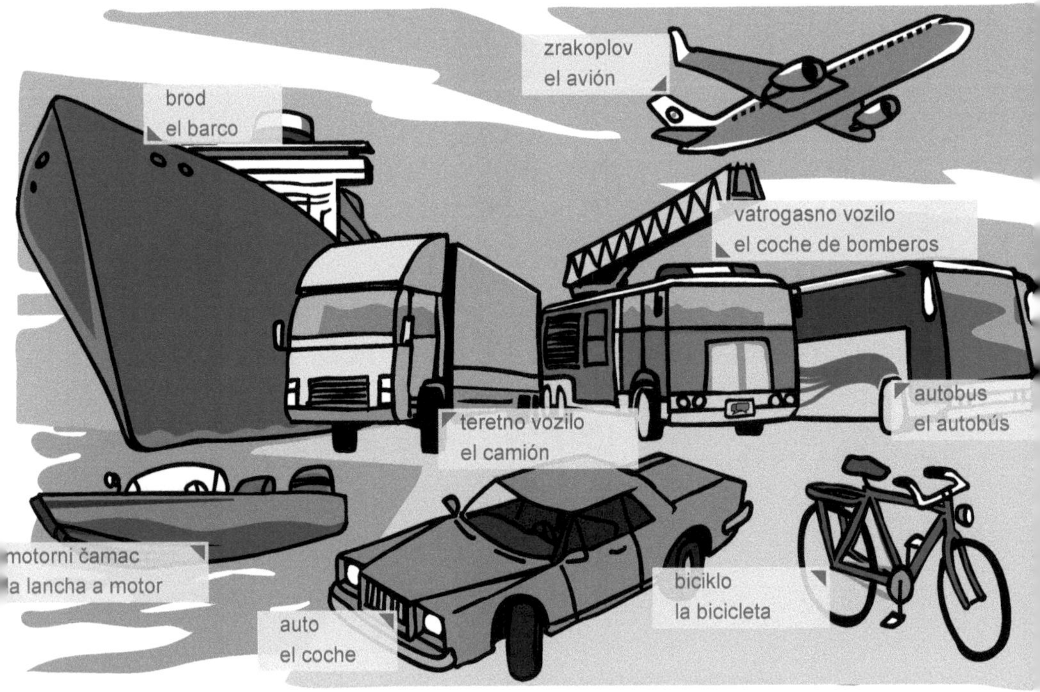

zrakoplov
el avión
brod
el barco
vatrogasno vozilo
el coche de bomberos
autobus
el autobús
teretno vozilo
el camión
motorni čamac
la lancha a motor
biciklo
la bicicleta
auto
el coche

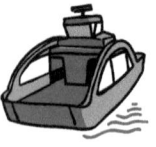

trajekt

el transbordador

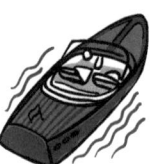

čamac

la barca

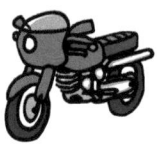

motocikl

la moto

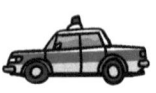

policijski auto

el coche de policía

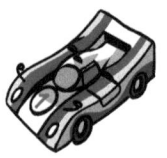

trkaći auto

el coche de carreras

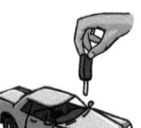

iznajmljeno auto

el coche de alquiler

dijeljenje automobila

el préstamo de vehículos

vučno vozilo

la grúa

vozilo za odvoz smeća

el camión de la basura

motor

el motor

benzin

la gasolina

benzinska postaja

la gasolinera

prometni znak

la señal de tráfico

promet

el tráfico

zastoj

el atasco

parkiralište

el aparcamiento

kolodvor

la estación de tren

šine

las vías

vlak

el tren

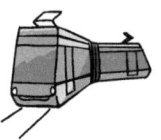

tramvaj

el tranvía

vagon

el vagón

helikopter

el helicóptero

zrakoplovna luka

el aeropuerto

toranj

la torre

putnik

el pasajero

kontejner

el contenedor

karton

la caja de cartón

kolica

la carretilla

košara

la cesta

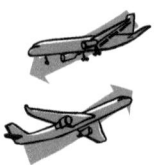

uzletjeti / sletjeti

despegar / aterrizar

grad

la ciudad

selo

el pueblo

centar grada

el centro de la ciudad

kuća

la casa

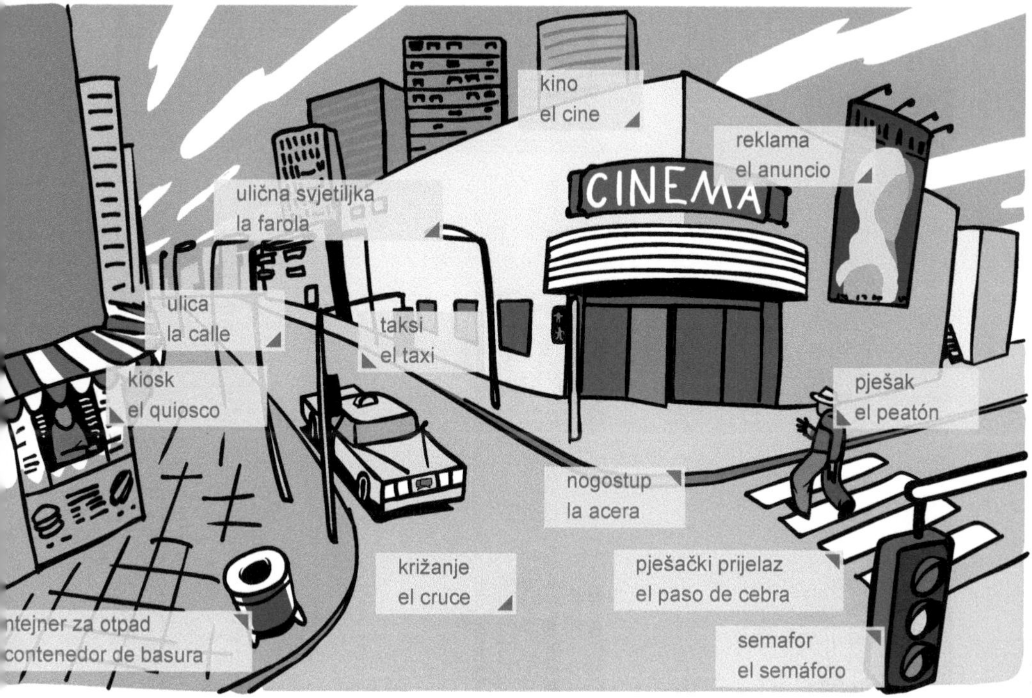
kino
el cine
reklama
el anuncio
CINEMA
ulična svjetiljka
la farola
ulica
la calle
taksi
el taxi
kiosk
el quiosco
pješak
el peatón
nogostup
la acera
križanje
el cruce
pješački prijelaz
el paso de cebra
ntejner za otpad
contenedor de basura
semafor
el semáforo

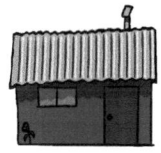

koliba

la cabaña

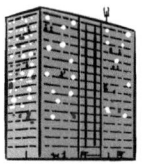

stan

el apartamento

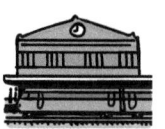

kolodvor

la estación de tren

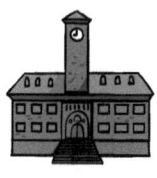

vijećnica

el ayuntamiento

MUSEUM

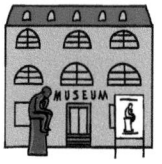

muzej

el museo

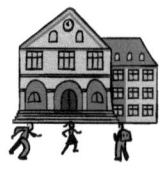

škola

la escuela

sveučilište

la universidad

banka

el banco

bolnica

el hospital

hotel

el hotel

ljekarna

la farmacia

ured

la oficina

knjižara

la librería

prodavaonica

la tienda de campaña

cvjećara

la floristería

supermarket

el supermercado

trg

el mercado

robna kuća

los grandes almacenes

ribarnica

la pescadería

trgovački centar

el centro comercial

luka

el puerto

grad - la ciudad

park
el parque

klupa
el banco

most
el puente

stepenice
las escaleras

podzemna željeznica
el metro

tunel
el túnel

autobusna stanica
la parada de autobús

bar
el bar

restoran
el restaurante

poštansko sanduče
el buzón

ulični znak
el poste indicador

parkirni sat
el parquímetro

zoološki vrt
el zoo

bazen
la piscina

džamija
la mezquita

seosko gazdinstvo

la granja

zagađenje okoliša

la contaminación

groblje

el cementerio

crkva

la iglesia

igralište

el patio de juego

hram

el templo

krajolik

el paisaje

list
la hoja

putokaz
la señal

put
el camino

livada
el prado

kamen
la piedra

šetač
el excursionista

drvo
el árbol

rijeka
el río

trava
la hierba

cvijet
la flor

dolina
el valle

planina
la colina

jezero
el lago

šuma
el bosque

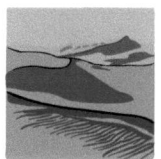

pustinja
el desierto

vulkan
el volcán

dvorac
el castillo

duga
el arcoíris

gljiva
el champiñón

palma
la palmera

moskito
el mosquito

muha
la mosca

mrav
la hormiga

pčela
la abeja

pauk
la araña

buba

el escarabajo

žaba

la rana

vjeverica

la ardilla

jež

el erizo

zec

la liebre

sova

la lechuza

ptica

el pájaro

labud

el cisne

divlja svinja

el jabalí

jelen

el ciervo

los

el alce

nasip

la presa

vjetrenjača

la turbina eólica

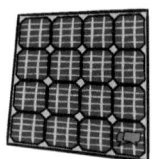

solarna ploča

el panel solar

klima

el clima

restoran
el restaurante

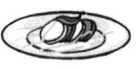

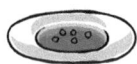

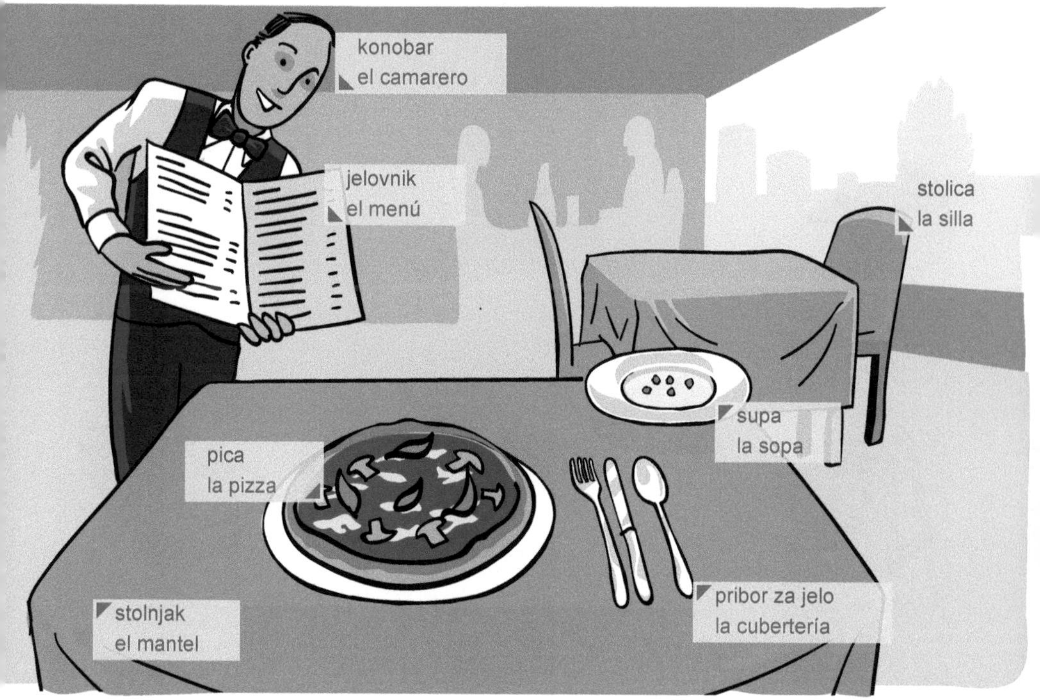
konobar
el camarero
jelovnik
el menú
stolica
la silla
supa
la sopa
pica
la pizza
pribor za jelo
la cubertería
stolnjak
el mantel

predjelo

el primer plato

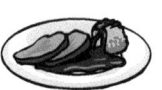

glavno jelo

el plato principal

desert

el postre

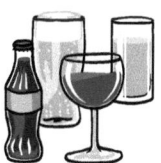

napitci

las bebidas

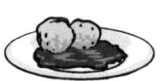

jelo

la comida

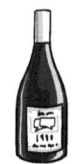

boca

la botella

fastfood

la comida rápida

imbis hrana

la comida callejera

čajnik

la tetera

doza za šećer

el azucarero

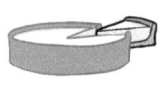

porcija

la porción

aparat za espresso

la cafetera expreso

visoka stolica

la trona

račun

la cuenta

pladanj

la bandeja

nož

el cuchillo

vilica

el tenedor

žlica

la cuchara

čajna žlica

la cucharilla

ubrus

la servilleta

čaša

el vaso

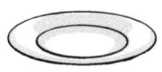

tanjur
el plato

tanjur za supu
el plato hondo

tanjurić
el platillo

sos
la salsa

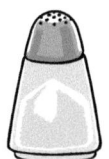

soljenka
el salero

mlin za biber
el molinillo de pimienta

ocat
el vinagre

ulje
el aceite

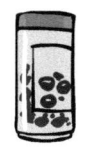

začini
las especias

kečap
el ketchup

senf
la mostaza

majoneza
la mayonesa

supermarket
el supermercado

ponuda
la oferta especial
FOR
kupac
el cliente
mliječni proizvodi
los lácteos
voće
la fruta
kolica za kupnju
el carro de compra

BUTCHERS

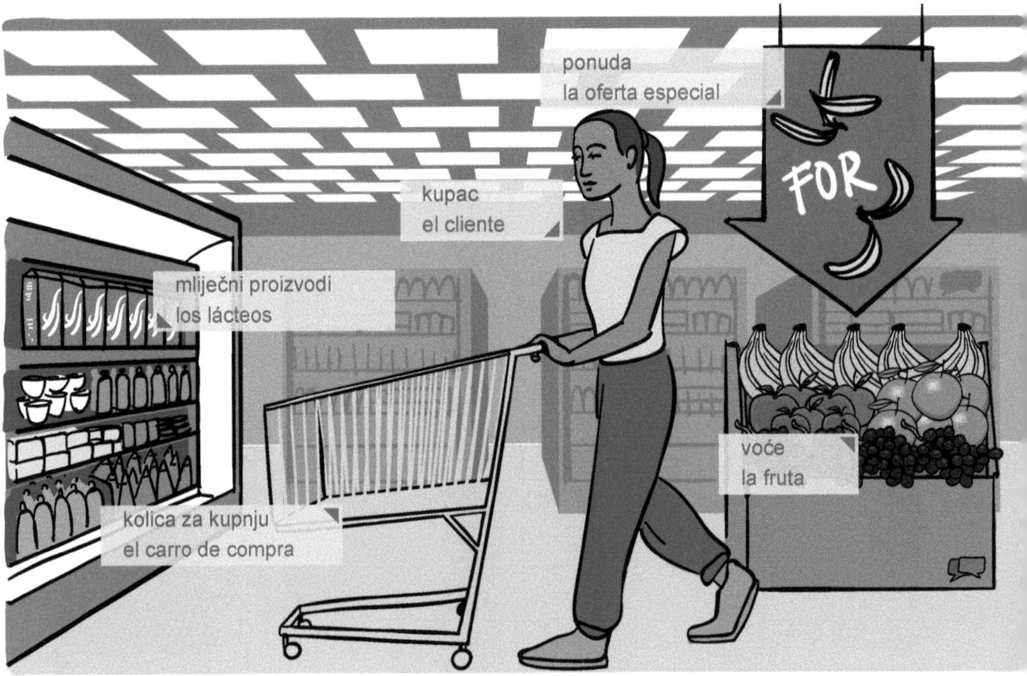

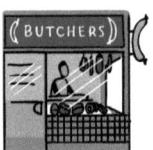

mesnica
la carniceria

BAKERY

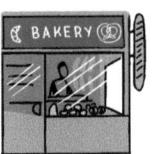

pekarnica
la panadería

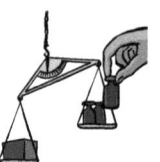

vagati
pesar

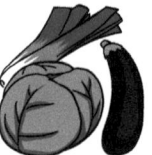

povrće
las verduras

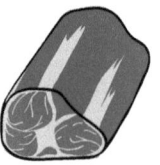

meso
la carne

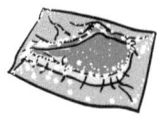

duboko smrznuta hrana
los alimentos congelados

narezak

los fiambres

konzerve

las conservas

sredstvo za pranje

el detergente en polvo

slatkiši

los dulces

artikli za domaćinstvo

productos de uso doméstico

sredstva za čišćenje

productos de limpieza

prodavačica

la vendedora

blagajna

la caja de cartón

blagajnik

el cajero

lista za kupnju

la lista de la compra

vrijeme rada

el horario de atención al público

novčanik

la cartera

kreditna kartica

la tarjeta de crédito

torba

la bolsa de plástico

plastična vrećica

la bolsa de plástico

voda
el agua

sok
el zumo

mlijeko
la leche

cola
la cola

vino
el vino

pivo
la cerveza

alkohol
el alcohol

kakao
el cacao

čaj
el té

kava
el café

espresso
el expreso

cappuccino
el capuchino

banana

el plátano

jabuka

la manzana

naranča

la naranja

lubenica

el melón

limun

el limón

mrkva

la zanahoria

češnjak

el ajo

bambus

el bambú

luk

la cebolla

gljiva

el champiñón

orašasti plodovi

las avellanas

rezanci

los fideos

špagete

las espagueti

riža

el arroz

salata

la ensalada

pomfrit

las patatas fritas

pečeni krumpir

las patatas fritas

pica

la pizza

hamburger

la hamburguesa

sendvič

el sándwich

šnicla

el filete

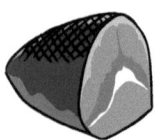

pršut

el jamón

salama

le salami

kobasica

la salchicha

kokoš

el pollo

pečenje

el asado

riba

el pescado

zobene pahuljice

los copos de avena

musli

el muesli

kukuruzne pahuljice

los copos de maíz

brašno

la harina

roščić

el cruasán

pecivo

el panecillo

kruh

el pan

toast

la tostada

keksi

las galletas

maslac

la mantequilla

svježi sir

la cuajada

kolač

el pastel

jaje

el huevo

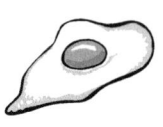

jaje na oko

el huevo frito

sir

el queso

sladoled

el helado

šećer

el azúcar

med

la miel

marmelada

la mermelada

nugat krema

la crema de turrón

curry

el curry

seosko gazdinstvo
la granja

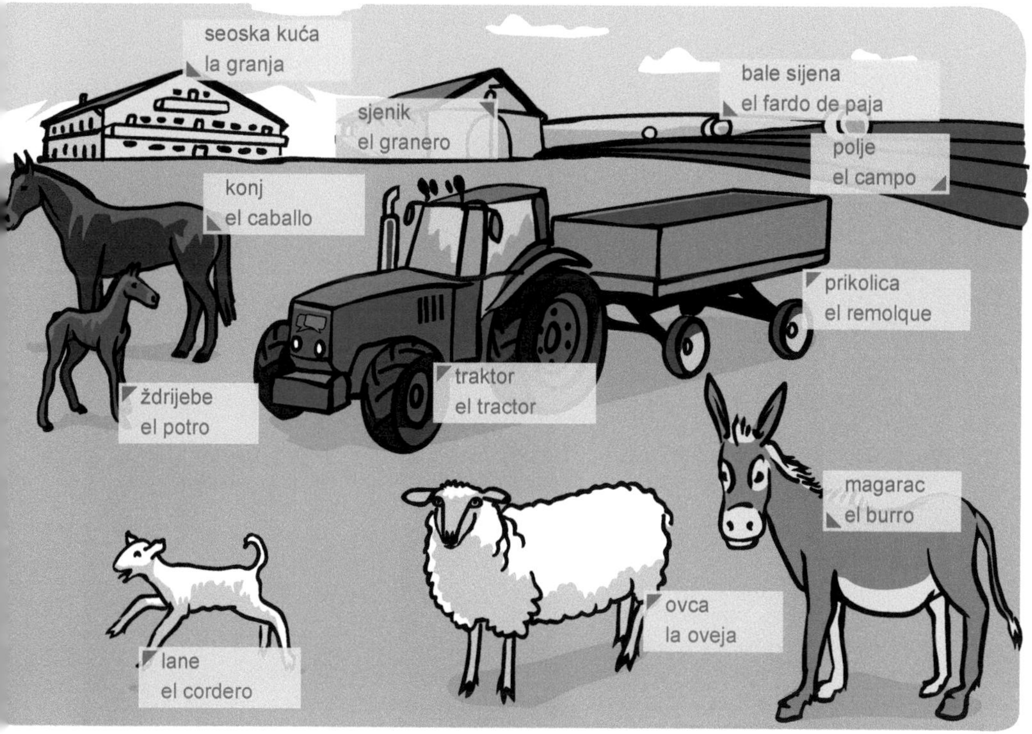
seoska kuća
la granja
sjenik
el granero
bale sijena
el fardo de paja
polje
el campo
konj
el caballo
prikolica
el remolque
traktor
el tractor
ždrijebe
el potro
magarac
el burro
ovca
la oveja
lane
el cordero

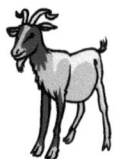

koza

la cabra

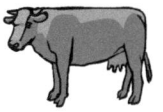

krava

la vaca

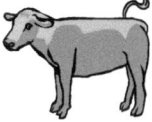

tele

el ternero

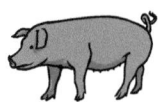

svinja

el cerdo

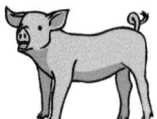

prase

el cerdito

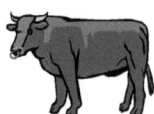

bik

el toro

guska

el ganso

patka

el pato

pilići

el pollo

kokoš

la gallina

pijetao

el gallo

pacov

la rata

mačka

el gato

miš

el ratón

vol

el buey

pas

el perro

kućica za psa

la perrera

vrtno crijevo

la manguera

kanta za polijevanje

la regadera

kosa

la guadaña

plug

el arado

srp
la hoz

motika
la azada

vilica za gnojivo
la horca

sjekira
el hacha

tačke
la carretilla

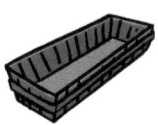

korito
el abrevadero

posuda za mlijeko
la lechera

vreća
el saco

ograda
la valla

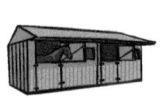

štala
el establo

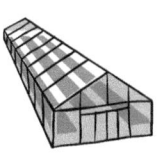

staklenik
el invernadero

zemlja
el suelo

sjeme
la semilla

gnojivo
el fertilizador

kombajn
la cosechadora

žanjati

cosechar

žetva

la cosecha

yams začin

el ñame

pšenica

el trigo

soja

el soja

krumpir

la patata

kukuruz

el maíz

uljana repica

la semilla de colza

voćka

el árbol frutal

gomolj manioke

la mandioca

žitarice

las cereales

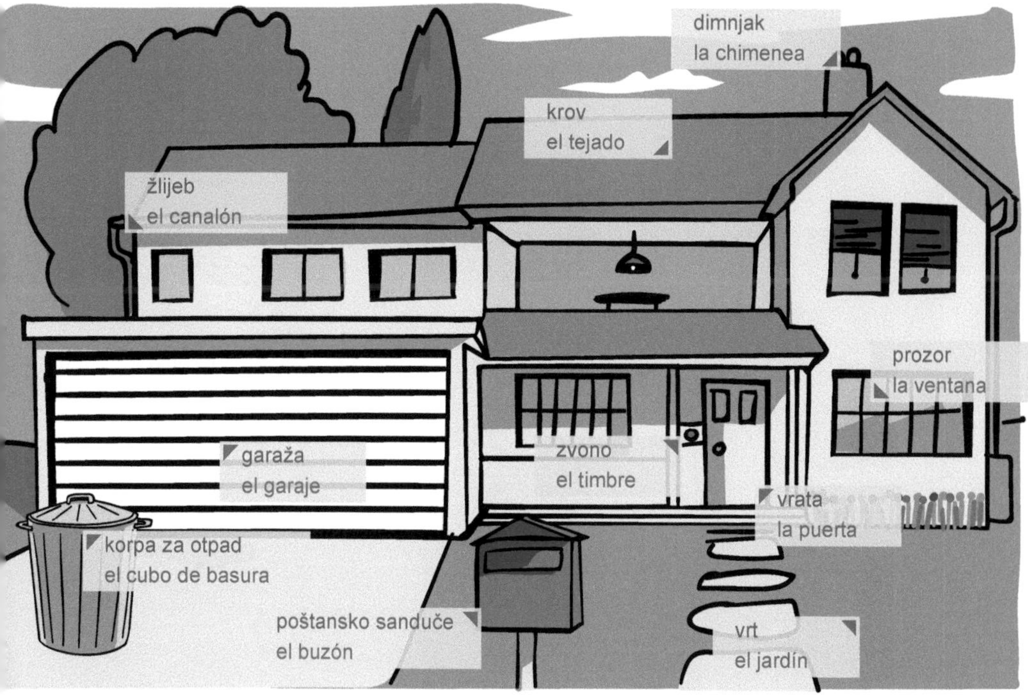

dimnjak
la chimenea

krov
el tejado

žlijeb
el canalón

prozor
la ventana

garaža
el garaje

zvono
el timbre

vrata
la puerta

korpa za otpad
el cubo de basura

poštansko sanduče
el buzón

vrt
el jardín

dnevna soba
la sala

kupaonica
el cuarto de baño

kuhinja
la cocina

spavaća soba
el dormitorio

dječija soba
la habitación de los niños

trpezarija
el comedor

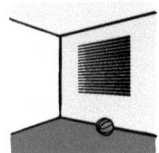

pod
el suelo

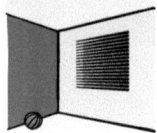

zid
la pared

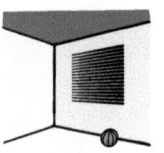

strop
el techo

podrum
el sótano

sauna
la sauna

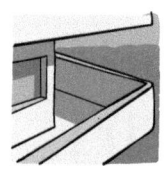

balkon
el balcón

terasa
la terraza

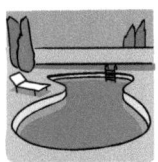

bazen
la piscina

kosilica za travu
el cortacésped

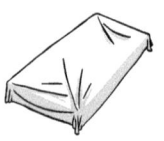

posteljina za krevet
la sábana

deka za krevet
la colcha

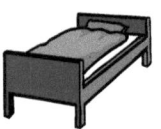

krevet
la cama

metla
la escoba

kanta
el balde

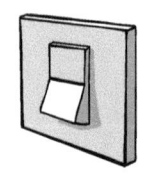

sklopka
el interruptor

dnevna soba
la sala

tapeta
el papel pintado
slika
la imagen
svjetiljka
la lámpara
regal
el estante
ormar
el armario
televizija
la televisión
kamin
la chimenea
cvijet
la flor
jastuk
el cojín
kauč
el sofá
vaza
el jarrón
daljinski upravljač
el mando a distancia

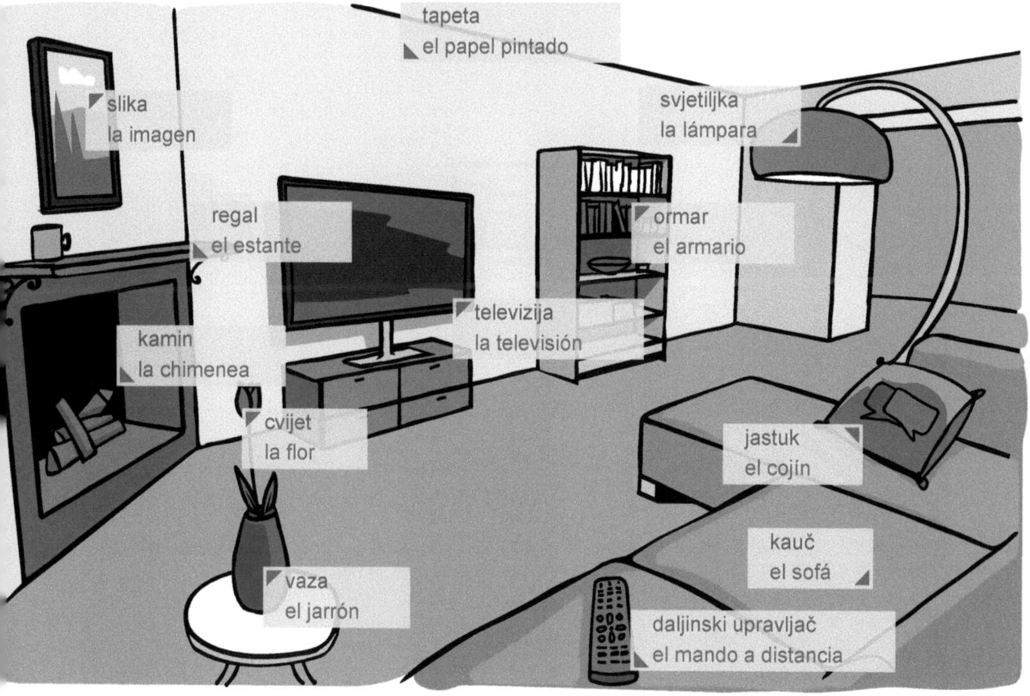

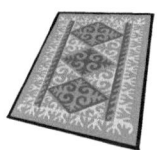

tepih
la alfombra

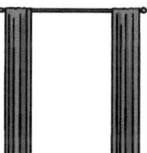

zavjesa
la cortina

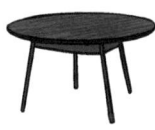

stol
la mesa

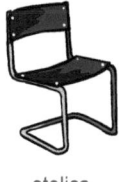

stolica
la silla

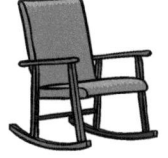

stolica za njihanje
el mecedora

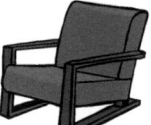

fotelja
la butaca

knjiga

el libro

deka

la manta

dekoracija

la decoración

drvo za ogrjev

la leña

film

la película

stereo uređaj

el equipo de música

ključ

la llave

novine

el periódico

slika na platnu

la pintura

poster

el póster

radio

la radio

blok za pisanje

el cuaderno

usisavač

la aspiradora

kaktus

el cactus

svijeća

la vela

kuhinja
la cocina

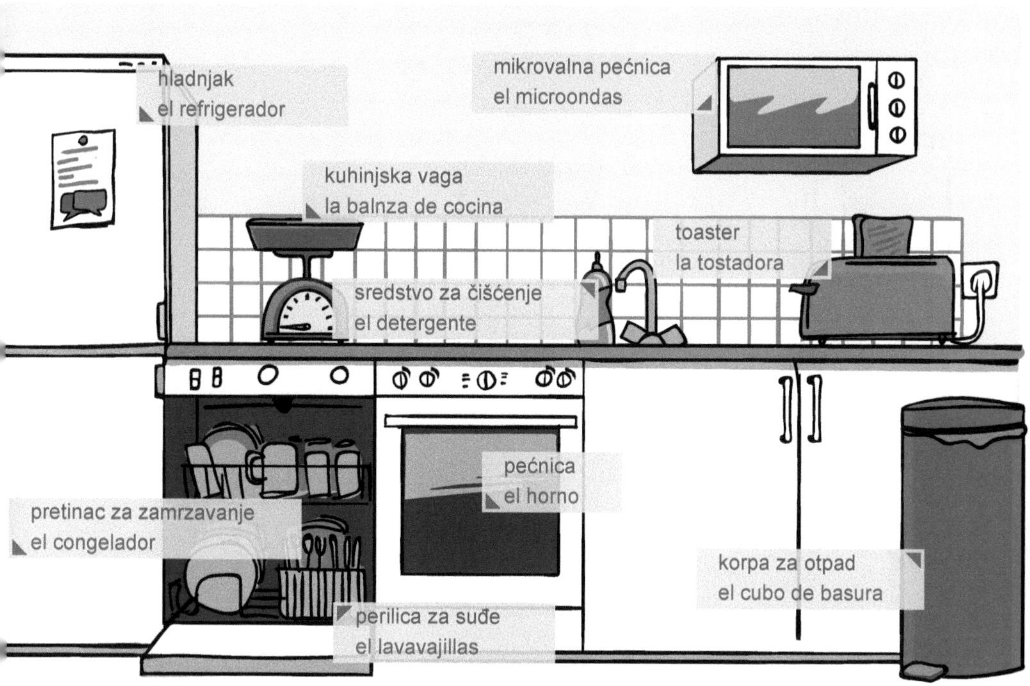
hladnjak
el refrigerador
mikrovalna pećnica
el microondas
kuhinjska vaga
la balnza de cocina
toaster
la tostadora
sredstvo za čišćenje
el detergente
pećnica
el horno
pretinac za zamrzavanje
el congelador
korpa za otpad
el cubo de basura
perilica za suđe
el lavavajillas

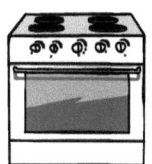

štednjak

la olla a presión

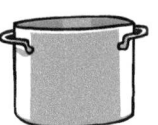

lonac

la olla

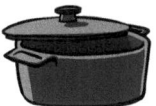

željezni lonac

la olla de hierro fundido

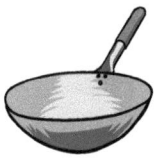

wok / kadai

el wok

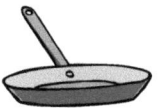

tava

la cazuela

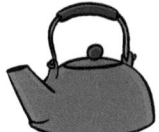

kuhalo za vodu

el hervidor

kuhalo na paru

la vaporera

lim za pečenje

la chapa de horno

posuđe

la vajilla

čaša

la taza

zdjela

el tazón

štapići za jelo

los palillos

kutljača

el cucharón

lopatica

la espumadera

pjenjača

el batidor

sito za kuhanje

el colador

sito

el cedazo

ribež

el rallador

mužar

el mortero

roštilj

la barbacoa

ognjište

la hoguera

daska

la tabla de picar

oklagija

el rodillo

vadičep

el sacacorchos

konzerva

la lata

otvarač konzervi

el abrelatas

krpa za lonac

el agarrador

sudoper

el lavabo

četka

el cepillo

spužva

la esponja

mikser

la batidora

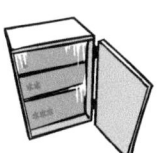

zamrzivač

el congelador

bočica za bebe

el biberón

slavina za vodu

el grifo

kupaonica
el cuarto de baño

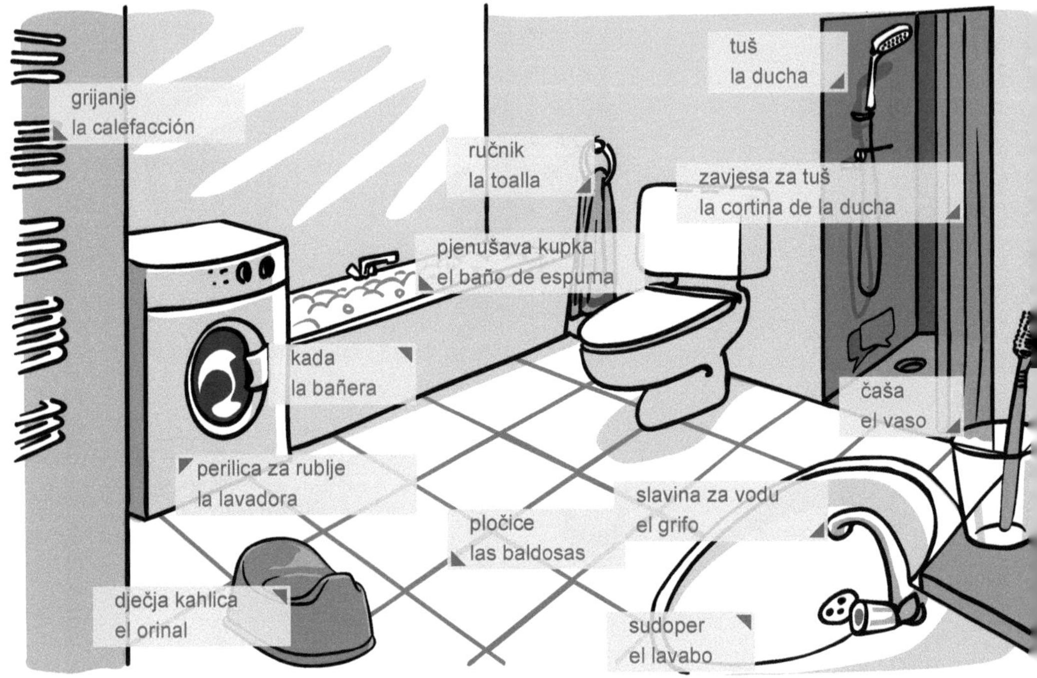

grijanje
la calefacción
ručnik
la toalla
tuš
la ducha
zavjesa za tuš
la cortina de la ducha
pjenušava kupka
el baño de espuma
kada
la bañera
čaša
el vaso
perilica za rublje
la lavadora
slavina za vodu
el grifo
pločice
las baldosas
dječja kahlica
el orinal
sudoper
el lavabo

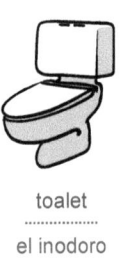

toalet

el inodoro

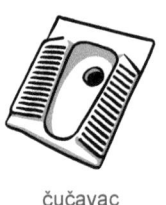

čučavac

el inodoro rústico

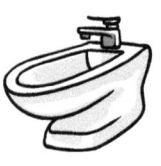

bidet

el bidé

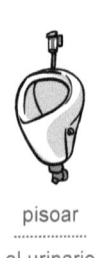

pisoar

el urinario

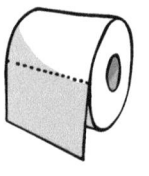

papir za toalet

el papel higiénico

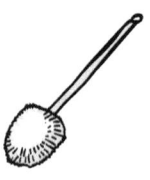

četka za toalet

la escobilla del váter

četkica za zube

el cepillo de dientes

pasta za zube

la pasta de dientes

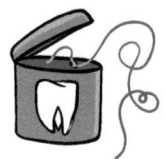

konac za zube

el hilo dental

prati

lavar

tuš ručica

la ducha de mano

tuš za pranje intimnih dijelova

la ducha íntima

lavor

la pila

četka za pranje leđa

el cepillo de espalda

sapun

el jabón

gel za tuširanje

el gel de ducha

šampon

el champú

krpa za pranje

la toallita

odvod

el desagüe

krema

la crema

dezodorans

el desodorante

ogledalo

el espejo

kozmetičko ogledalo

el espejo de tocador

brijač

la maquinilla de afeitar

pjena za brijanje

la espuma de afeitar

losion za poslije brijanja

la loción postafeitado

češalj

el peine

četka

el cepillo

sušilo za kosu

el secador

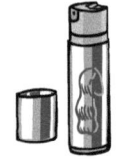

sprej za kosu

la laca

makeup

el maquillaje

ruž za usne

el pintalabios

lak za nokte

el pintauñas

vata

el algodón

škare za nokte

el cortauñas

parfem

el perfume

neseser

el estuche de viaje

stolica

la banqueta

vaga

la balanza

ogrtač

el albornoz

rukavice za čišćenje

los guantes de goma

tampon

el tampón

uložak

la compresa

kemijski toalet

el inodoro químico

dječija soba
la habitación de los niños

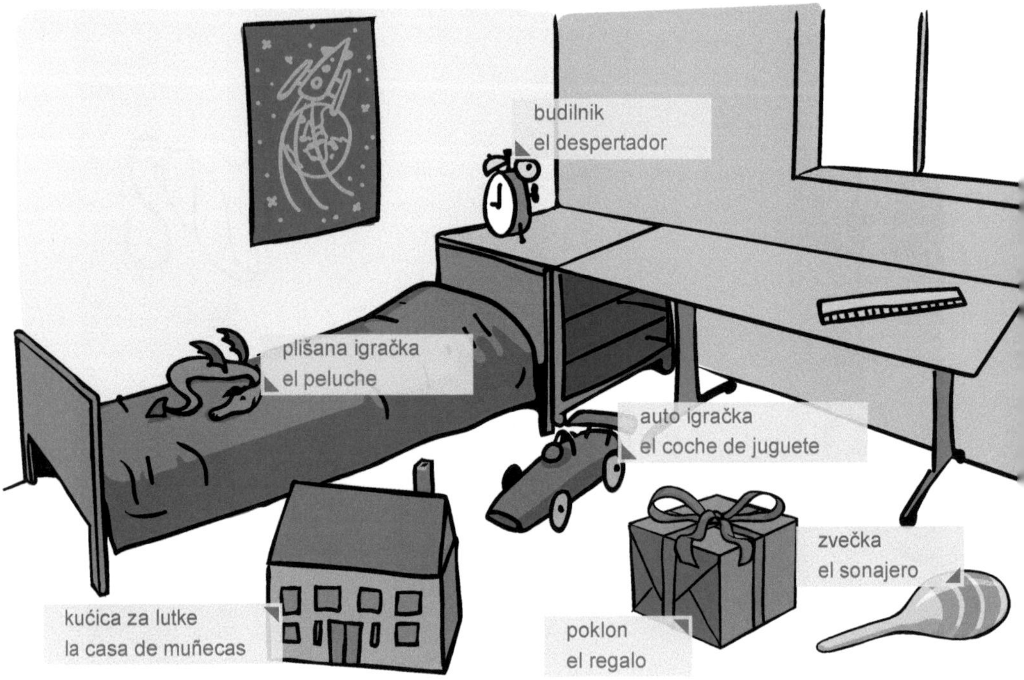
budilnik
el despertador
plišana igračka
el peluche
auto igračka
el coche de juguete
zvečka
el sonajero
kućica za lutke
la casa de muñecas
poklon
el regalo

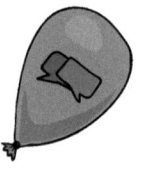

balon

el globo

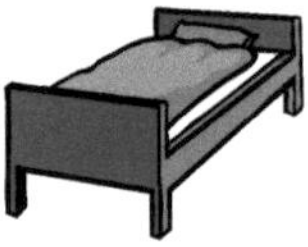

krevet

la cama

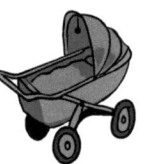

dječija kolica

el coche de niño

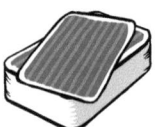

igra s kartama

los naipes

slagalica

el puzle

SUPER
MEGA

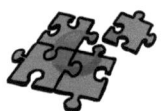

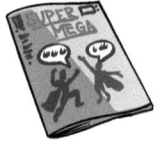

strip

el tebeo

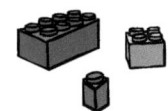

lego kockice

las piezas de lego

kockice za slaganje

los bloques de juguete

akcioni junak

la figura de acción

kombinezon za bebe

el bodi (de bebé)

frizbi

el frisbee

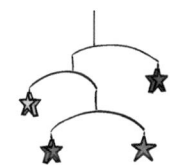

viseće igračke

el colgador móvil para
bebés

društvene igre

el juego de mesa

kocka

los dados

minijaturna željeznica

el circuito de tren eléctrico

duda

el maniquí

tulum

la fiesta

slikovnica

el álbum de fotos

lopta

la pelota

lutka

la muñeca

igrati

jugar

pješčanik

el cajón de arena

ljuljačka

el columpio

igračka

los juguetes

konzola za igre

la videoconsola

tricikl

el triciclo

plišani medo

el oso de peluche

ormar

la guardarropa

odjeća

la ropa

kratke čarape

los calcetines

čarape

las medias

hulahopke

los leotardos

šal
la bufanda

kišobran
el paraguas

kaiš
el cinturón

t-shirt
la camiseta

patike
las deportivas

čizme
las botas

papuče
las zapatillas

sandale
las sandalias

cipele
los zapatos

gumene čizme
las botas de goma

gaćice
el slip

grudnjak
el sostén

potkošulja
el chaleco

bodi

el bodi

hlače

los pantalones cortos

džins

los vaqueros

haljina

la falda

bluza

la blusa

košulja

la camisa

džemper

el jersey

pulover s kapuljačom

el suéter

blejzer

el blazer

jakna

la chaqueta

kaput

el abrigo

kabanica

la gabardina

kostim

el traje

haljina

el vestido

vjenčanica

el vestido de novia

odjeća - la ropa

odijelo

el traje

spavaćica

el camisón

pidžama

el pijama

sari

el sati

rubac

el bandana

turban

el turbante

burka

la burka

kaftan

el caftán

abaja

la abaya

kupaći kostim

el traje de baño

kupaće gaćice

el bañador

kratke hlače

los pantalones cortos

odjeća za trening

el chándal

pregača

el delantal

rukavice

los guantes

gumb

el botón

naočale

las gafas

narukvica

el brazalete

ogrlica

el collar

prsten

el anillo

naušnica

el pendiente

kapa

la gorra

vješalica

la percha

šešir

el sombrero

kravata

la corbata

patent zatvarač

la cremallera

kaciga

el casco

naramenice

los tirantes

školska uniforma

el uniforme

uniforma

el uniforme

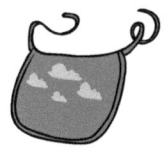

podbradak

el babero

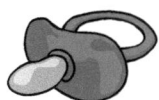

duda

el maniquí

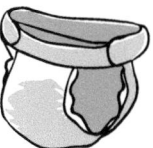

pelena

el pañal

ured
la oficina

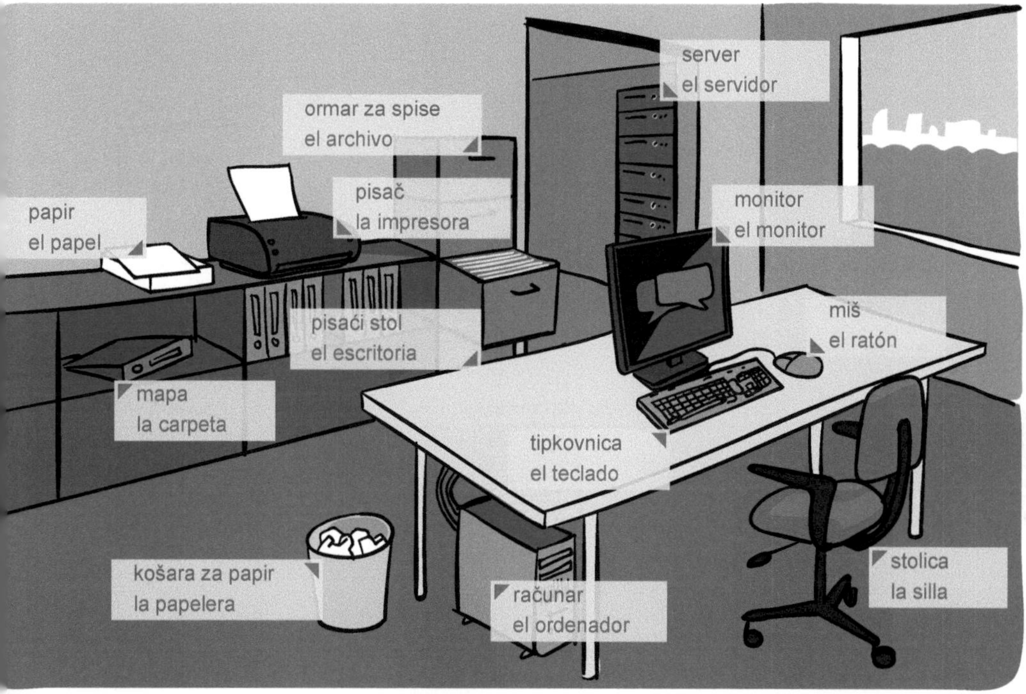

server
el servidor
ormar za spise
el archivo
pisač
la impresora
papir
el papel
monitor
el monitor
miš
el ratón
pisaći stol
el escritoria
mapa
la carpeta
tipkovnica
el teclado
košara za papir
la papelera
računar
el ordenador
stolica
la silla

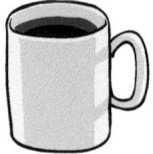

šalica za kavu

la taza de café

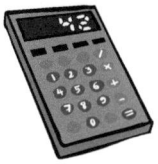

kalkulator

la calculadora

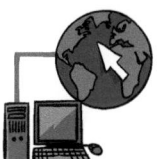

internet

el internet

laptop

el portátil

pismo

la carta

poruka

el mensaje

mobilni telefon

el móvil

mreža

la red

uređaj za kopiranje

la fotocopiadora

softver

el software

telefon

el teléfono

utičnica

la toma de corriente

faks

el fax

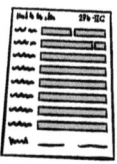

obrazac

el formulario

dokument

el documento

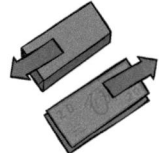

kupovati
....
comprar

platiti
....
pagar

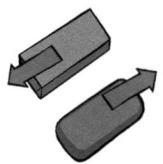

trgovati
....
comerciar

novac
....
el dinero

dolar
....
el dólar

euro
....
el euro

jen
....
el yen

rubalj
....
el rublo

švicarski franak
....
el franco suizo

renmindbi yuan
....
el renminbi yuan

rupija
....
la rupia

automat za novac
....
el cajero automático

mjenjačnica

la oficina de cambio de divisas

zlato

el oro

srebro

la plata

nafta

el petróleo

energija

la energía

cijena

el precio

ugovor

el contrato

porez

el impuesto

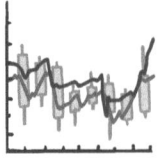

dionica

la acción

raditi

trabajar

službenik

el empleador

poslodavac

el empleador

tvornica

la fábrica

prodavaonica

la tienda de campaña

zanimanja
los oficios

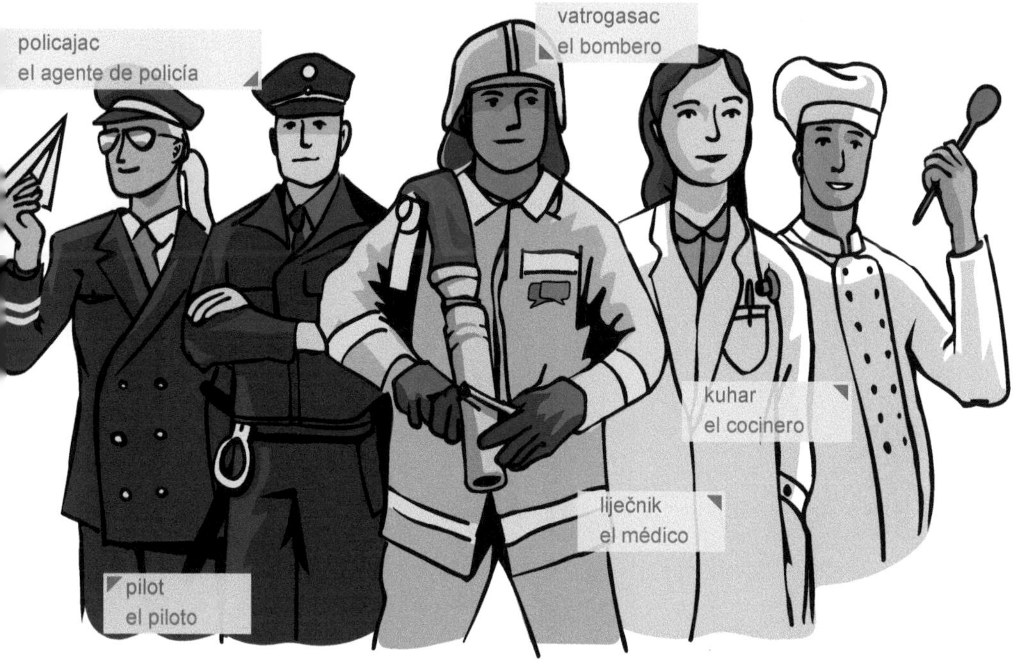
policajac
el agente de policía
vatrogasac
el bombero
kuhar
el cocinero
liječnik
el médico
pilot
el piloto

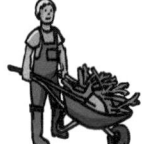

vrtlar

el jardinero

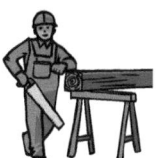

stolar

el carpintero

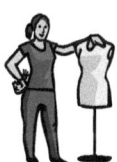

krojačica

la costurera

sudija

el juez

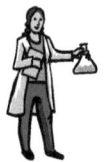

kemičar

el farmacéutico

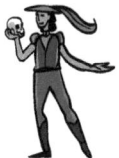

glumac

el actor

vozač autobusa

el conductor de autobús

vozač taksija

el taxista

ribar

el pescador

čistačica

la señora de la limpieza

krovopokrivač

el techador

konobar

el camarero

lovac

el cazador

slikar

el pintor

pekar

el panadero

električar

el electricista

građevinski radnik

el obrero

inženjer

el ingeniero

mesar

el carnicero

limar

el fontanero

poštar

el cartero

vojnik

el soldado

arhitekta

el arquitecto

blagajnik

el cajero

cvjećar

el florista

frizer

el peluquero

kondukter

el revisor

mehaničar

el mecánico

kapetan

el capitán

zubar

el dentista

znanstvenik

el científico

rabi

el rabino

imam

el imán

monah

el monje

svećenik

el sacerdote

alati
las herramientas

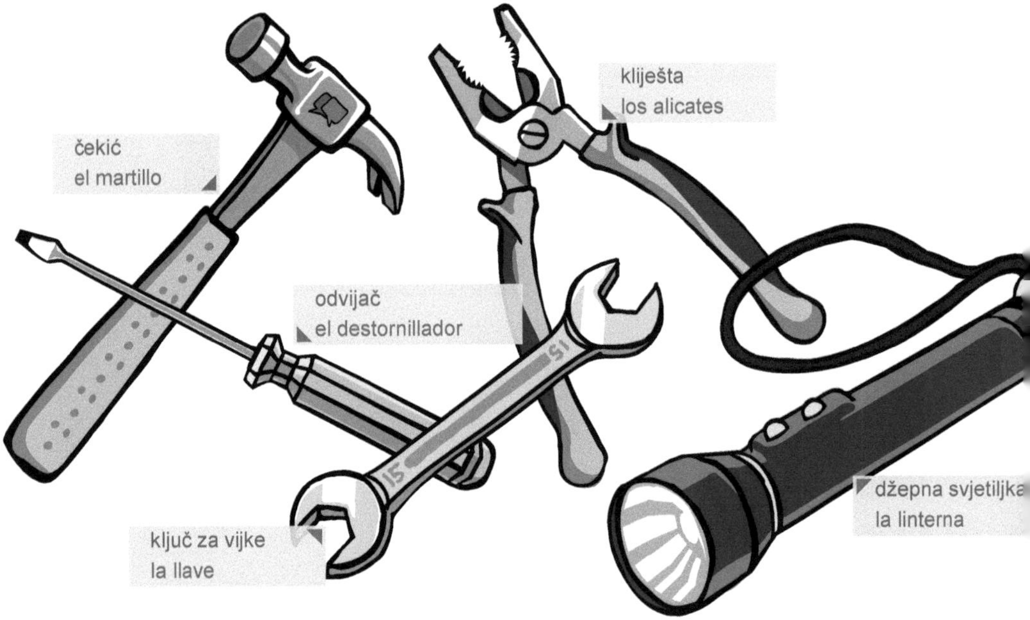

čekić
el martillo
kliješta
los alicates
odvijač
el destornillador
ključ za vijke
la llave
džepna svjetiljka
la linterna

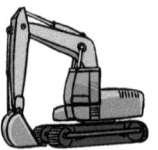

rovokopač

la excavadora

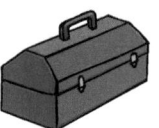

kutija za alat

la caja de herramientas

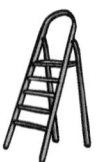

ljestve

la escalera de mano

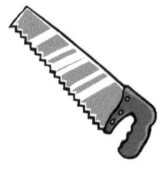

pila

la sierra

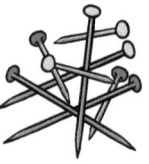

ekser

los clavos

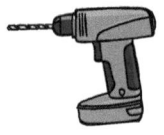

bušilica

el taladro

popraviti

reparar

lopata

la pala

Sranje!

¡Maldita sea!

lopatica

el recogedor

lonac za boju

el bote de pintura

vijci

los tornillos

glazbeni instrument
los instrumentos musicales

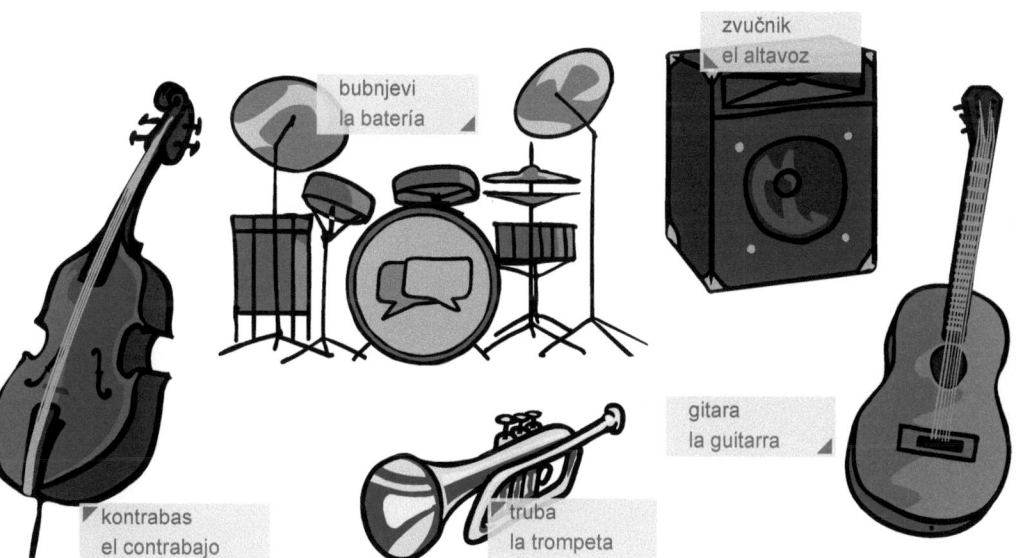

zvučnik
el altavoz

bubnjevi
la batería

kontrabas
el contrabajo

truba
la trompeta

gitara
la guitarra

klavir

el piano

violina

el violín

bas

bajo

timpani

los timbales

udaraljke za bubnjeve

el tambor

keyboard

el teclado

saksofon

el saxofón

flauta

la flauta

mikrofon

el micrófono

glazbeni instrument - los instrumentos musicales

zoološki vrt
el zoo

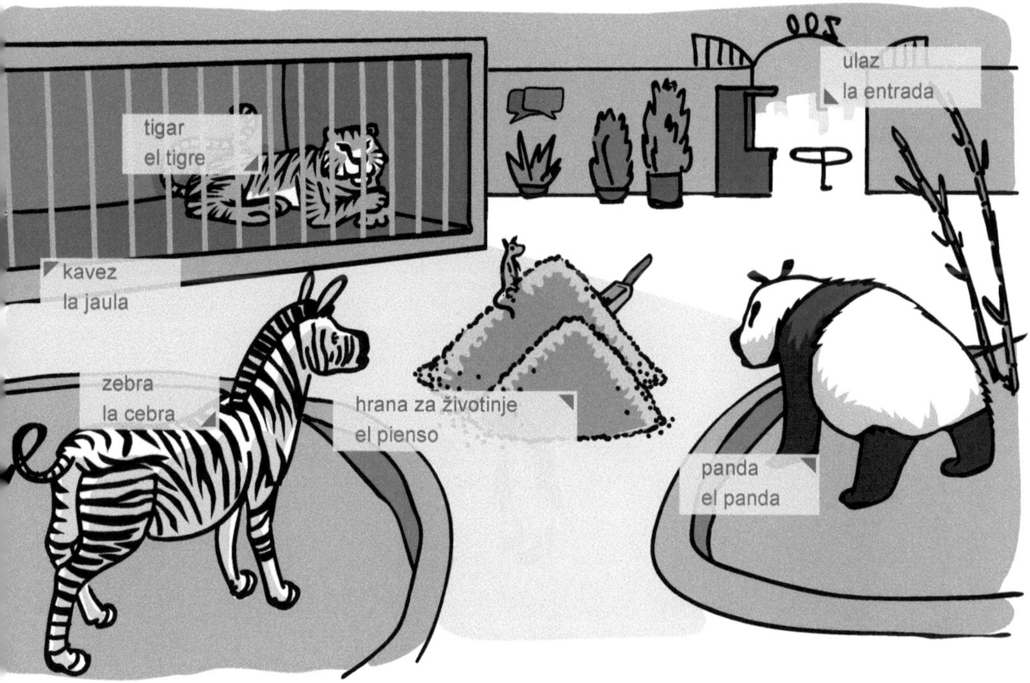

ulaz
la entrada
tigar
el tigre
kavez
la jaula
zebra
la cebra
hrana za životinje
el pienso
panda
el panda

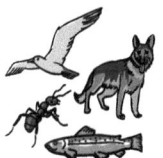

životinje
los animales

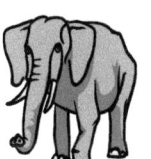

slon
el elefante

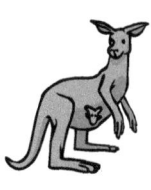

kengur
el canguro

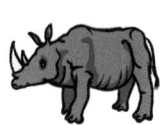

nosorog
el rinoceronte

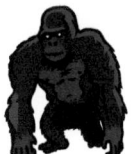

gorila
el gorila

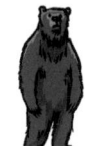

medvjed
el oso

kamila

el camello

noj

el avestruz

lav

el león

majmun

el mono

flamingo

el flamingo

papagaj

el loro

polarni medvjed

el oso polar

pingvin

el pingüino

ajkula

el tiburón

paun

el pavo real

zmija

la serpiente

krokodil

el cocodrilo

čuvar u zoološkom vrtu

el guardián de zoológico

tuljan

la foca

jaguar

el jaguar

poni
el poni

leopard
el leopardo

nilski konj
el hipopótamo

žirafa
la jirafa

orao
el águila

divlja svinja
el jabalí

riba
el pescado

kornjača
la tortuga

morž
la morsa

lisica
el zorro

gazela
la gacela

američki nogomet
el fútbol americano

biciklizam
el ciclismo

tenis
el tenis

košarka
el baloncesto

plivanje
la natación

boks
el boxeo

hockey na ledu
el hockey sobre hielo

nogomet

el fútbol

badminton

el bádminton

atletika

el atletismo

rukomet

el balonmano

skijanje

el esquí

polo

el polo

aktivnosti
las actividades

skočiti
saltar
zagrliti
abrazar
smijati se
reír
ići
caminar
pjevati
cantar
sanjati
soñar
moliti se
rezar
poljubiti
besar

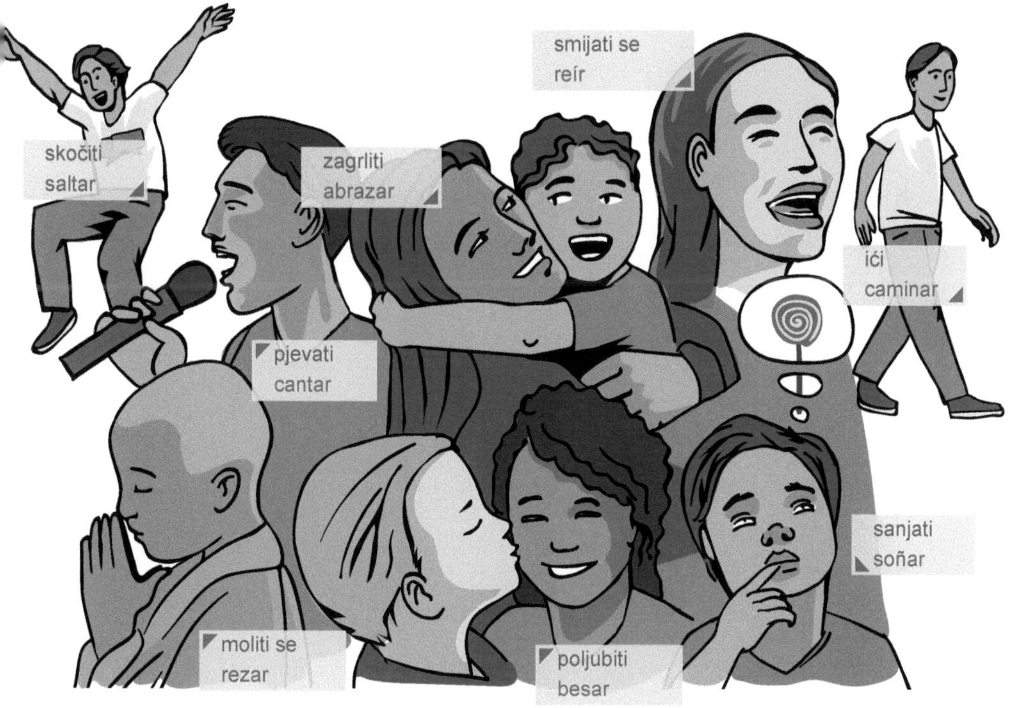

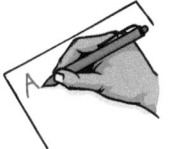

pisati

escribir

crtati

dibujar

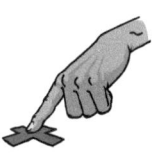

pokazati

mostrar

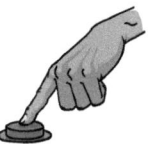

gurati

empujar

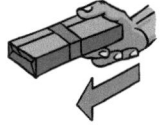

dati

dar

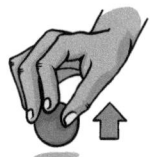

uzeti

tomar

imati
tener

činiti
hacer

biti
ser

stojati
estar de pie

trčati
correr

povlačiti
tirar

baciti
tirar

padati
caer

ležati
yacer

čekati
esperar

nositi
llevar

sjediti
estar sentado

oblačiti
vestirse

spavati
dormir

probuditi se
despertar

gledati

mirar

plakati

llorar

milovati

acariciar

češljati

peinar

govoriti

hablar

razumjeti

entender

pitati

preguntar

slušati

escuchar

piti

beber

jesti

comer

pospremiti

ordenar

voljeti

amar

kuhati

cocinar

voziti

conducir

letjeti

volar

ploviti

navegar

računati

calcular

čitati

leer

učiti

aprender

raditi

trabajar

vjenčati se

casarse

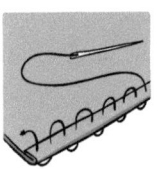

šiti

coser

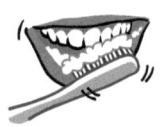

prati zube

cepillarse los dientes

ubiti

matar

pušiti

fumar

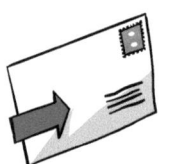

poslati

enviar

baka
la abuela

djed
el abuelo

otac
el padre

majka
la madre

beba
el bebé

kćerka
la hija

sin
el hijo

gost

el invitado

tetka

la tía

ujak, stric

el tío

brat

el hermano

sestra

la hermana

tijelo
el cuerpo

čelo
la frente
oko
el ojo
rame
el hombro
prst
el dedo
lice
la cara
brada
la barbilla
ruka
la mano
noga
la pierna
grudi
el pecho
ruka
el brazo

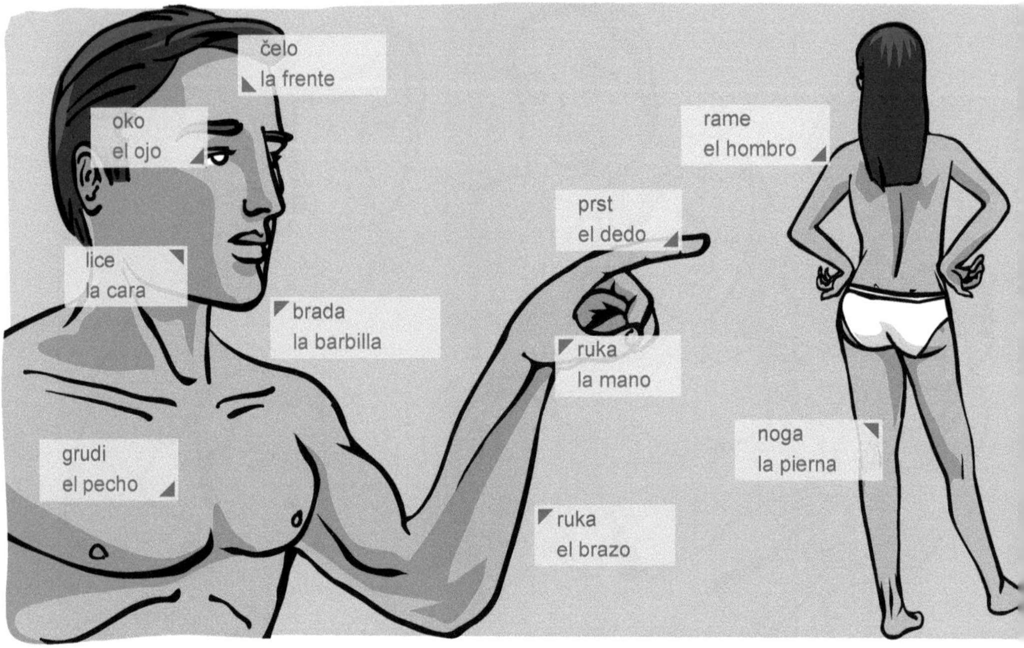

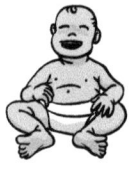

beba

el bebé

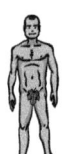

muškarac

el hombre

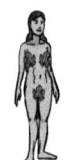

žena

la mujer

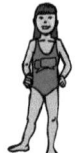

djevojčica

la chica

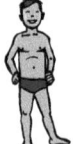

dječak

el chico

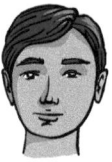

glava

la cabeza

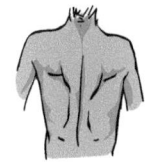

leđa
....
la espalda

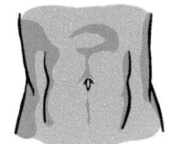

trbuh
....
el vientre

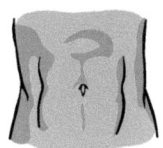

pupak
....
el ombligo

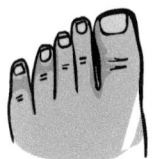

nožni prst
....
el dedo del pie

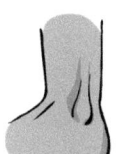

peta
....
el talón

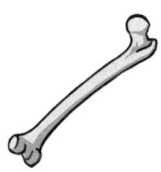

kost
....
el hueso

kuk
....
la cadera

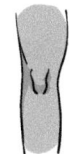

koljeno
....
la rodilla

lakat
....
el codo

nos
....
la nariz

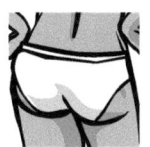

stražnjica
....
el trasero

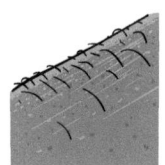

koža
....
la piel

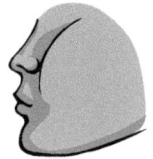

obraz
....
la mejilla

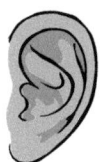

uho
....
el oído

usna
....
el labio

usta

la boca

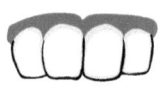

zub

el diente

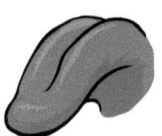

jezik

la lengua

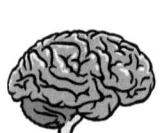

mozak

el cerebro

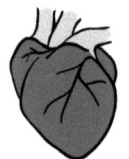

srce

el corazón

mišić

el músculo

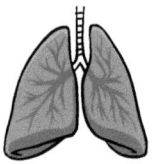

pluća

el pulmón

jetra

el hígado

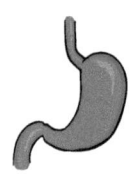

želudac

el estómago

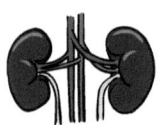

bubrezi

los riñones

snošaj

el sexo

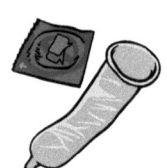

kondom

el condón

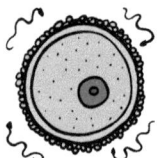

jajna stanica

el ovario

sperma

el semen

trudnoća

el embarazo

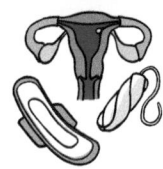

menstruacija
....
la menstruación

vagina
....
la vagina

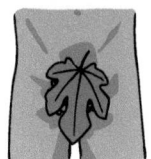

penis
....
el pene

obrva
....
la ceja

kosa
....
el pelo

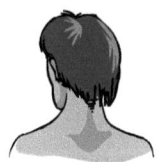

vrat
....
el cuello

bolnica
el hospital

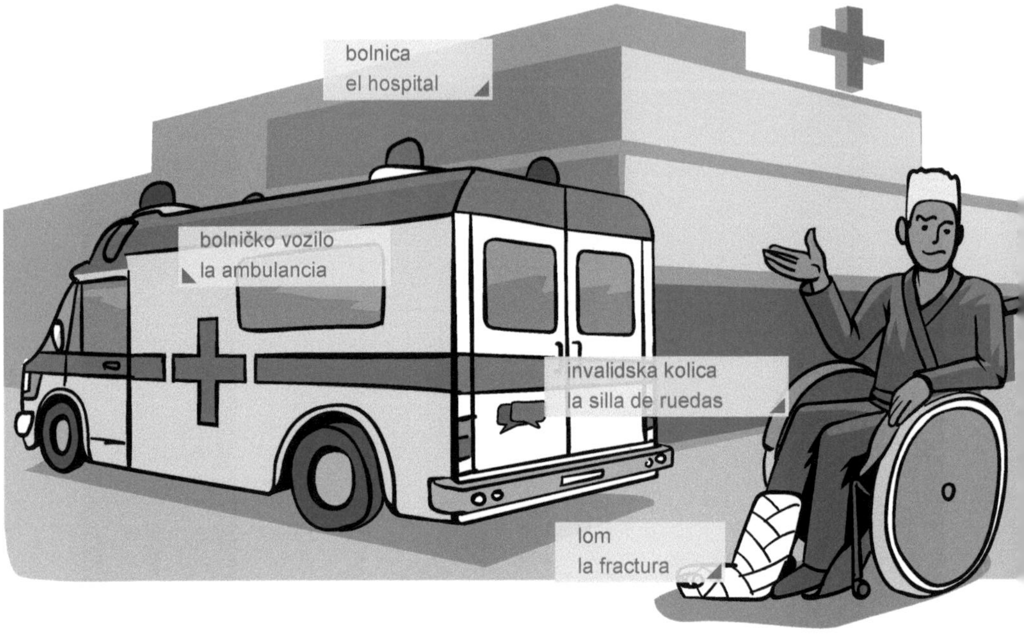

bolnica
el hospital
bolničko vozilo
la ambulancia
invalidska kolica
la silla de ruedas
lom
la fractura

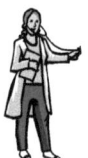

liječnik

el médico

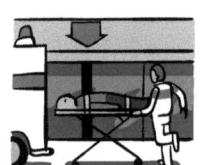

hitna medicinska služba

la sala de urgencias

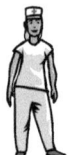

medicinska sestra

la enfermera

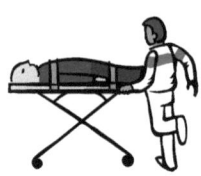

hitni slučaj

la urgencia

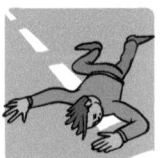

nesvijest

inconsciente

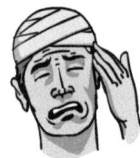

bol

el dolor

ozljeda

la lesión

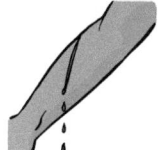

krvarenje

la hemorragia

srćani infarkt

el infarto

moždani udar

el ictus

alergija

la alergia

kašalj

la tos

groznica

la fiebre

gripa

la gripe

proljev

la diarrea

glavobolja

el dolor de cabeza

rak

el cáncer

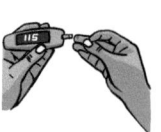

dijabetes

la diabetes

kirurg

el cirujano

skalpel

el bisturí

operacija

la operación

ct

TAC

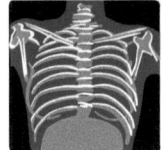

rentgen

los rayos x

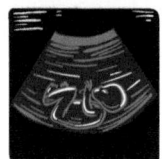

ultrazvuk

el ultrasonido

maska

la mascarilla

bolest

la enfermedad

čekaonica

la sala de espera

štaka

la muleta

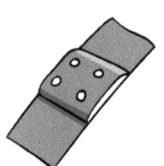

flaster

la tirita

zavoj

la venda

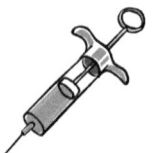

injekcija

la inyección

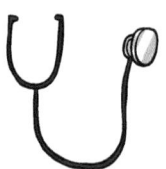

stetoskop

el estetoscopio

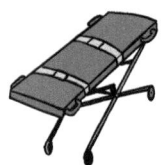

nosilo

la camilla

termometar

el termómetro

rođenje

el nacimiento

prekomjerna težina

el sobrepeso

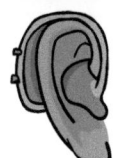

slušni aparat

el audífono

sredstvo za dezinfekciju

el desinfectante

infekcija

la infección

virus

el virus

hiv / sida

VIH / SIDA

medicina

la medicina

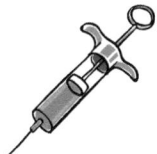

vakcinacija

la vacunación

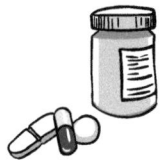

tablete

las tabletas

pilula

la pastilla

poziv u pomoć

la llamada de urgencia

uređaj za mjerenje tlaka

el tensiómetro

bolesno / zdravo

enfermo / sano

pomoć!

¡Socorro!

alarm

la alarma

nasrtaj

el asalto

napad

el ataque

opasnost

el peligro

izlaz za nuždu

la salida de emergencia

požar!

¡Fuego!

vatrogasni aparat

el extintor de incendios

nezgoda

el accidente

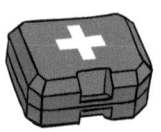

kofer prve pomoći

el botiquín de primeros auxilios

sos

SOS

policija

la policía

Europa

Europa

sjeverna amerika

Norteamérica

južna amerika

Sudamérica

Afrika

África

Azija

Asia

Australija

Australia

Atlantik

el atlántico

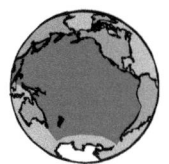

Pacifik

el Pacífico

ocean

el Océano Índico

antarktički ocean

el Océano Antártico

arktički ocean

el Océano Ártico

sjeverni pol

el polo norte

južni pol

el polo sur

Antarktik

La Antártida

zemlja

la tierra

zemlja

la tierra

more

el mar

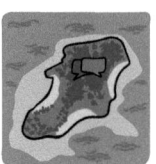

otok

la isla

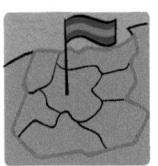

nacija

la nación

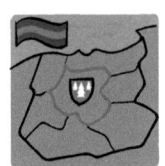

država

el estado

brojčanik sata

la esfera

satna kazaljka

la manecilla de las horas

minutna kazaljka

el minutero

sekundna kazaljka

el segundero

Koliko je sati?

¿Qué hora es?

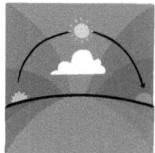

dan

el día

vrijeme

el tiempo

sada

ahora

digitalni sat

el reloj digital

minuta

el minuto

sat

la hora

tjedan
la semana

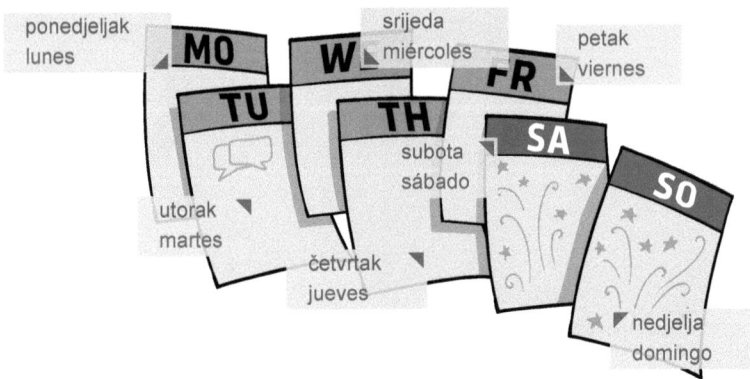

ponedjeljak
lunes

srijeda
miércoles

petak
viernes

utorak
martes

subota
sábado

četvrtak
jueves

nedjelja
domingo

jučer

ayer

danas

hoy

sutra

mañana

jutro

la mañana

podne

el mediodía

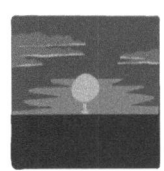

večer

la tarde

radni dani

los días laborables

vikend

el fin de semana

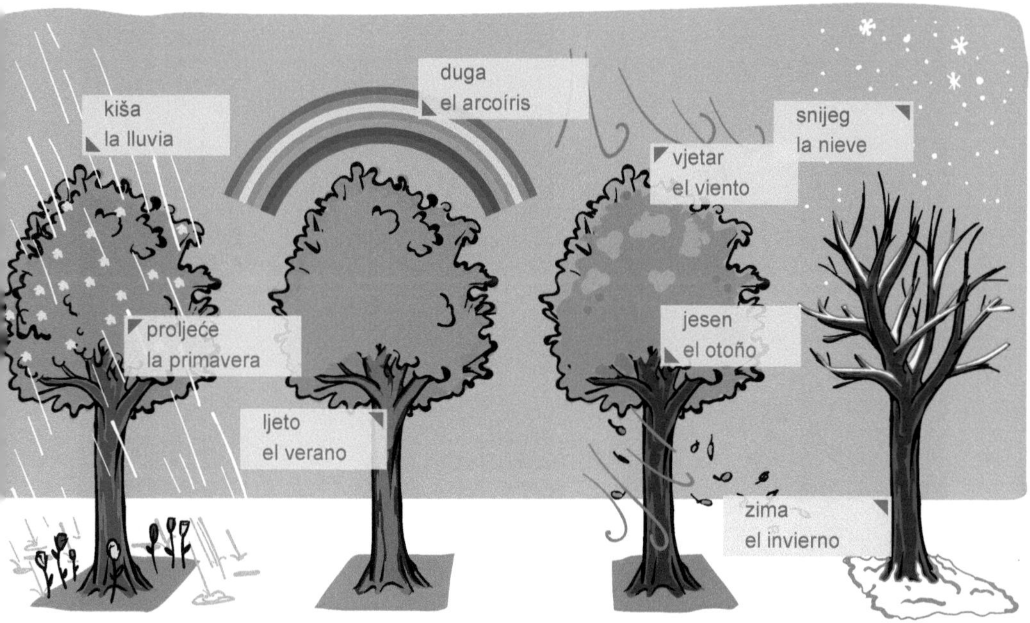

kiša
la lluvia

duga
el arcoíris

snijeg
la nieve

vjetar
el viento

proljeće
la primavera

jesen
el otoño

ljeto
el verano

zima
el invierno

4.APRIL	11°	☀
5.APRIL	4°	☁
6.APRIL	13°	☂
7.APRIL	8°	❄
8.APRIL	10°	☀

meteorološka prognoza

el pronóstico del tiempo

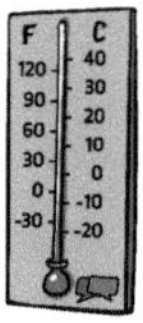

termometar

el termómetro

sunčana svjetlost

el sol

oblak

la nube

magla

la niebla

vlažnost zraka

la humedad

munja

el rayo

grmljavina

el trueno

oluja

la tormenta

tuča

el granizo

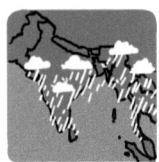

monsun

el monzón

poplava

la inundación

led

el hielo

siječanj

enero

veljača

febrero

ožujak

marzo

travanj

abril

svibanj

mayo

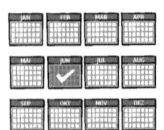

lipanj

junio

srpanj

julio

kolovoz

agosto

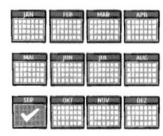

rujan
septiembre

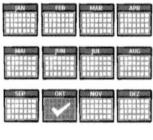

listopad
octubre

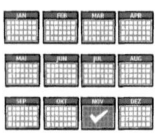

studeni
noviembre

prosinac
diciembre

krug
el círculo

kvadrat
el cuadrado

pravokutnik
el rectángulo

trokut
el triángulo

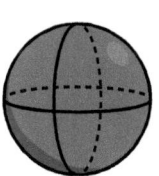

kugla
la esfera

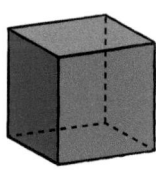

kocka
el cubo

bijela
blanco

žuta
amarillo

naran* * anarančasta
anaranjado

ružičasta
rosa

crvena
rojo

ljubičasta
morado

plava
azul

zelena
verde

smeđa
marrón

siva
gris

crna
negro

mnogo / malo

mucho / poco

ljutito / mirno

enojado / tranquilo

lijepo / ružno

bonito / feo

početak / kraj

principio / fin

veliko / maleno

grande / pequeño

svijetlo / tamno

claro / oscuro

brat / sestra

el hermano / la hermana

čisto / prljavo

limpio / sucio

potpuno / nepotpuno

completo / incompleto

dan / noć

el día / la noche

mrtvo / živo

muerto / vivo

široko / usko

ancho / estrecho

jestivo / nejestivo

comestible / no comestible

zlo / dobro

malo / amable

uzbuđeno / dosadno

entusiasmado / aburrido

debelo / mršavo

gordo / delgado

na početku / na kraju

primero / último

prijatelj / neprijatelj

el amigo / el enemigo

puno / prazno

lleno / vacío

tvrdo / mekano

duro / blando

teško / lagano

pesado / ligero

glad / žeđ

el hambre / la sed

bolesno / zdravo

enfermo / sano

ilegalno / legalno

ilegal / legal

pametno / glupo

inteligente / tonto

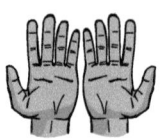

lijevo / desno

izquierda / derecha

blizu / daleko

cerca / lejos

novo / rabljeno

nuevo / usado

ništa / nešto

nada / algo

staro / mlado

viejo / joven

uključeno / isključeno

encendido / apagado

otvoreno / zatvoreno

abierto / cerrado

tiho / glasno

silencioso / ruidoso

bogato / siromašno

rico / pobre

točno / pogrešno

correcto / incorrecto

hrapavo / glatko

áspero / suave

tužno / sretno

triste / contento

kratko / dugo

corto / largo

polako / brzo

lento / rápido

mokro / suho

húmedo / seco

toplo / hladno

cálido / frío

rat / mir

guerra / paz

0

nula

cero

1

jedan

uno

2

dva

dos

3

tri

tres

4

četiri

cuatro

5

pet

cinco

6

šest

seis

7

sedam

siete

8

osam

ocho

9

devet

nueve

10

deset

diez

11

jedanaest

once

12
dvanaest

doce

13
trinaest

trece

14
četrnaest

catorce

15
petnaest

quince

16
šestnaest

dieciséis

17
sedamnaest

diecisiete

18
osamnaest

dieciocho

19
devetnaest

diecinueve

20
dvadeset

veinte

100
stotinu

cien

1.000
tisuću

mil

1.000.000
milijun

el millón

engleski

el inglés

američko engleski

el inglés americano

kinesko mandarinski

el chino madarín

hindi

el hindi

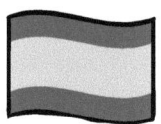

španjolski

el español

francuski

el francés

arapski

el árabe

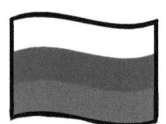

ruski

el ruso

portugalski

el portugués

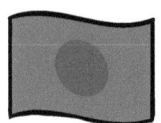

bengalski

el bengalí

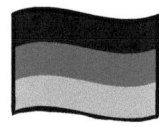

njemački

el alemán

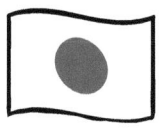

japanski

el japonés

ja
yo

ti
tú

on / ona / ono
él / ella / ello

mi
nosotros/as

vi
vosotros/as

oni
ellos/as

tko?
¿quién?

što?
¿qué?

kako?
¿cómo?

gdje?
¿dónde?

kada?
¿cuándo?

ime
el nombre

iza
detrás

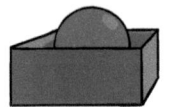

u
en

ispred
delante de

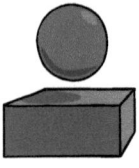

preko
por encima de

na
sobre

ispod
debajo de

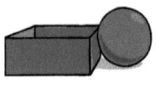

pored
junto a

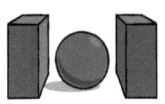

između
entre

mjesto
el lugar